Trotz spärlicher Hifsmittel, hat sich die elsässische Gastronomie Jahrhunderte hindurch mit Liebe und Findigkeit ausgearbeitet und verfeinert, und kam so, ganz allmählich, zu traditionellen Gerichten.

Sie hat sich auch des Mitgebrachten aus benachbarten Provinzen bereichert.

Während langer Zeit haben die einfachen und ländlichen Speisen nur die lokalen Quellen, Obst- und Gemüsegärten, Schweinezucht, Fischerei, Jagd, benutzt. Das Brot und das Gebäck wurden im Bauernhof hergestellt.

Die Rezepte wurden von der Mutter an die Tochter übertragen und es strahlte die Stimmung und die Verfügbarkeit der Herrin des Hauses daraus wider.

Die Torten, deren Teig sich heutzutage verfeinert hat und kostspieliger ist, wurden mit Hefeteig verfertigt, doch sie fehlten nicht an Geschmack.

Die elsässische Küche besteht aus raffinierten und teuren Aufwartungen, aber ebenfalls aus verschiedenen einfachen und sehr schmackhaften Speisen.

Das Elsass ist ein Land mit noch lebhaften Überlieferungen und manche Gerichte wurden speziell gewissen Familienfeiern zugedacht.

In einem anderen Büchlein haben wir die geläufigen, einfach zu verwircklichen Rezepte vorgestellt, doch wieviel Andere blieben zu entdecken.

Gewisse Gerichte, welche hier vermerkt sind, sind ein wenig kostspieliger und können Festtagsessen beehren, sind jedoch leicht anzufertigen.

Was der Verfasser von « Die Köchin des Oberelsass » bei Jean Risler und C° 1928 in seiner Einleitung schreibt, können auch wir sagen : « Dieses Buch ist für gute Familienmütter bestimmt, welche selbst ihren Haushalt besorgen ; es ist deren Töchtern gewidmet, welche ihrer Mutter auf der Spur zu folgen wünschen ; sie finden nichts was nicht schon öfters ausgeführt worden ist, kein Vorteil ist vorgeschlagen welcher nicht die Frucht der Erfahrung ist, sodass sie nicht Gefahr laufen durch komplizierte und kostspielige Beschreibungen irre geführt zu werden...

P. FISCHER

Kartoffelsuppe
« Hardäpfelsupp »

3 Pellkartoffeln / 1 kleine Zwiebel / 25 g. Butter / 1 l. Fleischbrühe / Schnittlauch / Frischer Rahm.

Die Kartoffeln schälen und reiben. Die gehackte Zwiebel in der Butter rösten und die Kartoffeln beigeben. Mit der Fleischbrühe begiessen. Die Suppe 10-15 Minuten auf schwachem Feuer kochen lassen. Mit Schnittlauch und frischem Rahm anrichten.

Zwiebelsuppe
« Zewelsupp »

50 g. Butter / 2 mittlere Zwiebeln / 2 Esslöffel Mehl / 1 l. Wasser / 50 g. geriebener Schweizerkäse / 10 cl. frischer Rahm / 1 Eigelb / Salz / Schnittlauch.

Die feingewiegten Zwiebeln in der Butter rösten. Mit Mehl bestreuen und unter ständigem Rühren mit 1 l. Wasser begiessen. Salzen und die Suppe während 10-15 Minuten kochen lassen.

In einer Suppenschüssel das Ei mit dem Rahm verrühren, den Käse beigeben. Die Suppe in diese Zubereitung giessen. Man kann Schnittlauch hinzufügen. Sofort auftragen.

Nota : Will man dass die Suppe Fäden zieht, so muss man den Käse in feine Lamellen schneiden.

Haferflockensuppe
« Haferflockasupp »

50 g. Butter / 1 kleine Zwiebel / 3 gehäufte Esslöffel Haferflocken / 3 mittelgrosse Tomaten oder 1 grosse Tasse Tomatensosse / 1 l. Fleischbrühe / 5 cl. frischer Rahm (nach Belieben).

Die Tomaten schälen und in Stücke schneiden. Die feingewiegte Zwiebel in der Butter hellbraun rösten, die Haferflocken beigeben und bräunen lassen. Die Tomaten hinzufügen, alles gut vermengen und einige Minuten ziehen lassen, so dass die Tomaten zerschmelzen. Die Fleischbrühe darübergiessen und 15 Minuten auf schwachem Feuer kochen, dann die Suppe durch die Gemüsemühle drehen.

Geröstete Griesssuppe
« Greschti Griasssupp »

3 Esslöffel Griess / 50 g. Margarine oder Butter / 1 l. Fleischbrühe.

Den Griess im Fett rösten. Mit heisser Fleischbrühe aufgiessen. 10 Minuten langsam kochen lassen.

Andere mögliche Zubereitung : An Stelle von Griess kann man Fadennudeln verwenden.

Lauchsuppe
« Lauchsupp »

50 g. Butter / 2 grosse Lauchstengel mitsamt dem Grünen / 1 Schalotte / 2 Esslöffel Mehl / 1 l. Wasser / Salz.
Nach Belieben : 10 cl. frischer Rahm / 1 Eigelb.

Die Lauchstengel waschen und in Stücke schneiden. Die gehackte Schalotte in der Butter goldgelb werden lassen und den Lauch beigeben.
Einige Minuten dünsten lassen. Mit Mehl bestreuen und, um Klümpchen zu verhüten, unter stetem Rühren mit 1 l. heissen Wasser aufgiessen. Die Suppe salzen, während 20 Minuten kochen lassen und durch die Gemüsemühle drehen. Vor dem Auftragen, das mit dem Rahm gequirlte Eigelb in die Suppe geben.

Kerbelsuppe
« Kerwalakrütsupp »

1 Handvoll Kerbel / 1 grosse Kartoffel / 1 kleine Zwiebel / 25 g. Butter / 1 l. Fleischbrühe / 10 cl. frischer Rahm (nach Belieben) / Einige geröstete Brotwürfel (nach Belieben).

Den Kerbel waschen. Die Kartoffel schälen und in Scheibchen zerlegen. Die Zwiebel schälen, hacken und in der Butter braten. Den Kerbel beigeben und diesen schmelzen lassen, dann die Kartoffelscheiben hinzufügen. Mit der heissen Fleischbrühe aufgiessen. Bei mässiger Hitze kochen lassen (im Schnellkochtopf 10 Minuten). Die Suppe durch die Gemüsemühle drehen. Vor dem Auftragen kann man frischer Rahm und geröstete Brotwürfel hinzugeben.

Im Winter besteht öfters das Abendessen aus einer Zwiebelsuppe als Hauptgericht.

Eine Haferflockensuppe.

Lauchsalat
« Lauchsalat »

Das weisse von 6 Lauchstengeln / 1 Essigsosse (Vinaigrette) nach Geschmack.

Das grüne der Lauchstengel entfernen (nur das Weisse verwenden) und waschen. Den Lauch sehr fein zerschneiden. Die Essigsosse darüberträufeln und vermengen.

Spinatsalat
« Benhatschsalat »

2 Handvoll Spinat-Blätter / 1 Essigsosse (Vinaigrette).

Die Blätter waschen, zusammenrollen und auf einem Hackbrett in schmale Streifchen schneiden. Mit einer Essigsosse vermengen.

Brunnenkressesalat
« Brunnkrassasalat »

Man verwendet nur die Blätter, wäscht sie in Essigwasser und würzt sie mit einer Essigsosse (Vinaigrette).

Sauerkrautsalat
« Sürkrütsalat »

250 g. Sauerkraut / 2 Esslöffel Öl / 1 Esslöffel Essig / Sehr wenig Salz / Pfeffer.
Nach Belieben : 2 Esslöffel frischer Rahm.

Das Sauerkraut waschen, in kochendem Wasser spülen, es ausdrücken, um das Wasser zu entfernen.
Sollte es « lang » sein, dann wird es zerschnitten.
Mit dem Öl und dem Essig eine Essigsosse zubereiten. Das Sauerkraut beigeben, salzen, pfeffern und vermengen. Vor dem Auftragen einige Stunden kalt stellen.

Gibt man frischen Rahm dazu, dann muss dieser erst unmittelbar vor dem Auftischen, mit dem Sauerkraut vermengt werden.

Pfifferling- oder Semmelstoppelpilzsalat
« Rehlengsalat oder Ochsazungasalat »

300 g. Pfifferlinge oder Semmelstoppelpilze / 2 Esslöffel Öl / 1 Esslöffel Essig / 1/2 in Würfelchen geschnittene Zwiebel / Salz / Pfeffer / 1 Strauss Petersilie.

Die Pilze säubern und waschen. Sie in kleine Stücke schneiden. Auf das Feuer setzen und ziehen lassen. Sollten die Pilze zu trocken sein, muss man Wasser hinzugiessen und sie auf schwachem Feuer kochen lassen. Wenn sie gar sind, zum Abtropfen in ein Sieb schütten. Um die überschüssige Flüssigkeit zu entfernen, die Pilze ein wenig ausdrükken. Die Essigsosse mit dem Öl und dem Essig, dem Salz und dem Pfeffer zubereiten. Pilze und Zwiebeln beigeben. Mit gehackter Petersilie garnieren. Frisch auftragen.

Gemischter Salat
« Salat undranander »

300 g. gekochtes Suppenfleisch oder 300 g. Fleischwurst / 2 mittelgrosse Tomaten / 2 kleine Pellkartoffeln / Einige Essiggurken / Einige Sommerendiviensalatblätter / Essigsosse (Vinaigrette).
Nach Belieben : 1 kleine Gurke / 2 hartgekochte Eier.

Das Fleisch in kleine Würfel und die Tomaten in Viertel teilen. Die geschälten Kartoffeln und die Essiggurke in Scheibchen schneiden. Die Gurke schälen, entkernen und in feine Streifen zerlegen. Den Salat waschen und zerkleinern. Alles vermengen und eine gut gewürzte Essigsosse einmischen. Mit hartgekochten Eierstückchen verzieren.

Maizwiebelnsalat
« Maizewlasalat »

4 grosse Maizwiebeln / 1 Essigsosse (Vinaigrette) / Ein wenig Schnittlauch.

Die Zwiebeln in feine Scheiben schneiden. Die Essigsosse und den Schnittlauch daruntermengen.

N.B. : Früher wurden zu diesem Salat schmalzbestrichene Brotschnitten gereicht.

Der gemischte Salat: eine erfrischende Vorspeise.

*Ein seltenes Vergnügen:
ein Pfifferlingsalat.*

Gefüllte harte Eier in weisser Sosse
« Gfellti herti Eier en wissa Soss »

6 hartgekochte Eier / 100 g. Pilze / Die in Milch eingeweichte Krume von 2 Brotschnitten / 50 g. gekochter Schinken / Salz / Pfeffer.

Für die Bechamelsosse :
50 g. Butter / 40 g. Mehl / 1/4 l. Milch / 1 Messerspitze Muskat / 1 Handvoll geriebener Schweizerkäse / Salz / Pfeffer / 10 g. Butter für die Platte.

Die Pilze säubern und waschen. Mitsamt dem Schinken durch den Fleischwolf drehen.

Die Eier entschalen und in 2 teilen, das Eigelb herausnehmen und zerdrücken.

Die Sosse zubereiten. Das Mehl in die zerlassene Butter streuen und unter ständigem Rühren die Milch in diese Masse giessen. Salzen, pfeffern und mit Muskat abschmecken. Auf schwachem Feuer dicklich werden lassen.

Die Eigelb, das Gehackte (Pilz und Schinken) das ausgepresste und zerdrückte Brot in eine Schüssel geben, salzen und pfeffern ; gut vermengen. Die Eiweiss mit dieser Farce füllen und die gefüllten Eier in eine gebutterte, feuerfeste Platte legen. Die Sosse darüber giessen und mit dem Käse bestreuen.

25 Minuten im Backofen bei mittlerer Hitze backen lassen. Dann noch einige Minuten unter den Bratrost stellen.

Eierstich
« Eierstech »

1 Ei (pro Person) / 4 Esslöffel Milch / 30 g. gekochter Schinken / Salz / Muskat / Pfeffer.

Mit der Milch und dem Ei ein Omelett bereiten. Den Schinken in kleine Würfel schneiden und dem Omelett beigeben. Salzen, pfeffern und mit etwas Muskat abschmecken. 1 kleines feuerfestes Förmchen mit Butter bestreichen und die Zubereitung hineinschütten. Im Wasserbad im Backofen kochen lassen, bis der Eierstich fest ist.

Dies wird als Vorspeise aufgetragen.

Gugelhupf oder Kugelhopf mit Nüssen und Speck
« Kugelhopf met Nussa un Spack »

375 g. Mehl / 80 g. Butter / 1/2 Päckchen Hefe / 20 cl. Milch / 1 Ei / 2 gestrichene Teelöffel Salz / 100 g. Nüsse / 150 g. magerer, geräucherter Speck / Soviel Nusskerne als Rillen in der Backform bestehen.

Die Hefe in der Hälfte der lauwarmen Milch auflösen.

Das Mehl in eine irdene Schüssel schütten, eine Grube bilden und das Ei hineingeben. Mehl, Ei und Salz vermengen und den Rest der Milch nach und nach einarbeiten. Die zerlassene Butter, dann die Hefe beimischen. Den Teig kräftig durchkneten, bis er sich von den Händen löst. An einem warmen Ort, mit einem Tuch bedeckt, aufgehen lassen, bis sich seine Masse verdoppelt hat.

Die Nüsse in Stücke zerhacken und den Speck in Würfel schneiden. Jede Rille einer ausgefetteten Gugelhupfform mit einem Nusskern belegen. Den Teig brechen, indem er noch einmal langsam bearbeitet wird und Nüsse und Speck einmischen.

Den Gugelhupfteig in der Form verteilen und ein zweites Mal bis zum Rand gehen lassen. Bei mittlerer Hitze 50 bis 60 Minuten backen.

Nota : Da der Teig keinen Zucker enthält, bräunt er schwieriger als der gewöhnliche Gugelhupf.

Zwiebeltorte
« Zewelküacha »

250 g. geriebener Teig / 400 g. Zwiebeln / 4 Esslöffel Öl / 1 Esslöffel Mehl / 1 Kaffeelöffel Griess / 1 Tasse Milch / 10 cl. Rahm / Salz / Pfeffer.

Die geschälten Zwiebeln zerkleinern. Im Öl dämpfen und glasig werden lassen.

Mit Mehl und Griess bestäuben, umrühren und die Milch eingiessen. Salzen und pfeffern und die Masse kochen lassen, ohne das Rühren zu unterbrechen.

Den Teig ausrollen. Ein Backblech damit belegen. Die Zwiebeln darauf verteilen. Die Torte bei mittlerer Hitze 30 Minuten im Backofen backen lassen.

Die Zwiebeltorte kann so gut heiss, wie auch kalt aufgetragen werden.

Der gesalzene Gugelhupf, mit Elsässer Wein zu kosten.

Bei einem elsässischen Mahl wird der Zwiebelkuchen oft vor einem Sauerkraut gereicht.

Presskopf (Schwardenmagen)
« Schwardamaja »

1 kg. Kalbsmischung (Füsse, Kopf und Ohren) / 500 g. Schweinefleisch / 2 Lorbeerblätter / 2 Gewürznelken / 1 Esslöffel Koriander / 3 Zehen Knoblauch / 1 Zwiebel / Salz / Pfeffer.

Die Schlachtabfälle und das Fleisch vom Metzger zerschneiden lassen. Alles zusammen, mit den Lorbeerblättern, den Gewürznelken, dem Koriander, den geschälten Knoblauchzehen und der zerschnittenen Zwiebel « trocken » einbeizen. Salzen und pfeffern. 2 Tage lang kühl stellen. Das Fleisch und sämtliche Zutaten der Beize, während 1 1/2 Stunden, mit Wasser bedeckt, auf schwachem Feuer sieden lassen, bis sich Füsse und Kopf von den Knochen lösen. Auf einem Hackbrett das Fleisch ausbeinen und zerschneiden. Gewürze, Knoblauch und Zwiebel aus der Kochbrühe entfernen und die Fleischstücke wieder hineinlegen. Darauf achten, dass sie mit der Brühe bedeckt sind. Erneut während 30 Minuten kochen. In eine ausgespülte Terrine schütten. Sollte ein Überfluss von Brühe bestehen, lässt man dieselbe 10 Minuten lang einkochen und giesst sie anschliessend über das Fleisch. Den Presskopf während 24 Stunden kalt stellen, bevor er aus der Terrine genommen wird.

Geflügelterrine
« Gfleijlterrin »

500 g. Geflügelleber / 200 g. fetter Speck / 150 g. magerer Speck / 30 g. geräucherter Speck / 1 Prise viererlei Gewürze (4 épices) / 2 kleine Lorbeerblätter / 1 Ei / 3 Esslöffel Rahm / 1 kleines Glas Kognac / 1 Schweinenetz / Salz / Pfeffer.

Leber und Speck grob durch den Fleischwolf drehen, dann ein zweites Mal fein hacken. Ei, Rahm, Gewürze, Salz und Pfeffer beigeben ; vermengen. In eine Terrine 1 Lorbeerblatt legen, die Füllsel in die Schüssel geben und das zweite Lorbeerblatt darauflegen. Mit einem Schweinenetz bedecken und 1 Stunde lang im Backofen bei mittlerer Hitze kochen lassen. Beim Herausnehmen den Inhalt der Terrine mit einem Brettchen und einem Gewicht beschweren. Kühl stellen.

Griebenkuchen
« Griawaküacha »

Brotteig : *200 g. Mehl / 1 Prise Salz / 10 g. Hefe / Ungefähr 10 cl. lauwarmes Wasser.*
1 Schale voll Grieben / 1 Strauss Petersilie / 1 kleine Zwiebel.

Die Grieben mit dem zu diesem Zweck vorgesehenen Apparat auspressen, um das überschüssige Fett zu entfernen.
Zwiebel und Petersilie fein hacken.
Den Brotteig zubereiten : im lauwarmen Wasser die Hefe zergehen lassen. Das Mehl auf das Backbrett sieben. Eine Grube bilden ; die gut aufgelöste Hefe, das Salz, die Grieben, das Zwiebel-Petersiliegehackte hineingeben. Den Teig kneten, damit er leicht und locker wird. Eine mit hohem Rand versehene Kuchenform auslegen und während mehrerer Stunden, an einem warmen Platz gehen lassen. In heisser Röhre backen. Nach 20 Minuten die Hitze verringern und die Backzeit noch 20 Minuten fortsetzen.

Früher wurde dieser Kuchen mit den Schweineschmalzüberresten, den Grieben, hergestellt. Er wurde heiss, sowie auch kalt, mit grünem Salat, als Vorspeise zu Tisch gebracht.

Königinpasteten
« Suppapaschtetler »

1 Suppenhuhn von 1,200 kg. / Suppengemüse (1 Karotte, 1 Rübchen, 1 Sellerieblatt, 1 Lauchstengel, einige Krautblätter) / 1 Kalbsmilch / Kalbsklösschen / 1 kleine Dose Champignons / Salz.
Kalbsklösschen : *250 g. Kalbshackfleisch / 1 kleine Zwiebel / 2 Esslöffel Mehl / 1 Kaffeelöffel Griess / 1 Prise Muskat / Salz / Pfeffer.*
Sosse : *50 g. Butter / 2 Esslöffel Mehl / 1 Eigelb / 10 cl. frischer Rahm.*

Das Suppenhuhn mit dem Suppengemüse kochen, entbeinen und in kleine Stücke schneiden.
Die Kalbsmilch einige Minuten im heissen Wasser sieden lassen, ebenfalls zerschneiden.
Die Klösschen bereiten : alle Zutaten zermengen und Kugeln formen. 20 Minuten lang in einem Teil der Suppenfleischbrühe kochen lassen.
Für die weisse Sosse : die Butter schmelzen, das Mehl hineinschütten, die Fleischbrühen des Huhns und der Klösse eingiessen. Die Fleisch- und Kalbsmilchstücke, sowie die abgetropften Champignons in die Sosse geben. Rahm und Eigelb einrühren. In sehr heissen Pastetchen auftragen.

Die Königinpasteten, der Naschhaftigkeit der Königin Maria Leczinska zu verdanken, sind geläufig als Vorspeise bei Festessen adoptiert worden.

Die Geflügelterrine ist relativ leicht anzufertigen und sehr schmackhaft.

Fleischpastete
« Paschtet »

600 g. mürber Teig / 750 g. Schweinefleisch / 500 g. Kalbfleisch / 2 mittlere Zwiebeln / Petersilie / 1/4 l. herber Weisswein / 3 Gewürznelken / 1 Lorbeerblatt / Salz / Pfeffer / 1 Eigelb (zum Bestreichen).

Das Fleisch und die Zwiebeln in Stücke schneiden. Beides in einer irdenen Schüssel aufschichten. Die Zwiebelstücke darüber verteilen. Etwas Petersilie, Gewürznelken und Lorbeerblatt obenauf legen, salzen und pfeffern und mit Wein begiessen. Zudecken und 2 Tage lang kühl aufbewahren. Nach Verlauf dieser Zeit, Lorbeerblatt und Gewürznelken, Zwiebeln und Petersilie entfernen und das Fleisch in einem Sieb abtropfen lassen. In einem Tuch auspressen, um die überschüssige Beizbrühe zu entfernen.

Eine Pastetenform ausfetten. Aus 1/3 des Teigs einen doppelten Boden und einen Deckel auswellen. Den Rest zu einem Rechteck ausrollen, mit dem die ganze Form ausgelegt werden kann und das gross genug ist, um oben über das Fleisch geschlagen werden zu können. Die Form auslegen, den doppelten Boden setzen und den Teig in die Ecken drücken. Das Fleisch schichtenweise bis an den Rand legen. Es ebenfalls in die Ecken drücken. Die vier Teilseiten darüber schlagen, die beiden Längsteile berühren sich in der Mitte und man lasse nicht zu viel Teig an den beiden anderen Enden. Mit einem Teigdeckel belegen, in dem drei Kamine ausgehöhlt werden, in welche man kleine Papierröllchen steckt.

Mit einer in Milch getauchten Gabel ein Motiv auf die Pastete zeichnen und sie mit Eigelb bestreichen.

In den heissen Backofen geben und 1/4 Stunde lang backen lassen, damit der Teig gut von der Hitze erfasst wird, dann die Wärme verringern und eine Stunde Backzeit rechnen.

Lendenfilet in Teig
« Filet mignon em Teig »

150 g. Blätterteig / 1 Kalbs- oder Schweinelendenfilet / 1 Kaffeelöffel Senf / 20 g. Butter / Salz / Pfeffer / 1 wenig Eigelb zum Bestreichen.

Das Fleisch auf allen Seiten in der Butter anbraten. Es aus dem Bratensatz nehmen, salzen, pfeffern und abkühlen lassen. Das Filet mit Senf bestreichen.

Ein Teigrechteck ausrollen, in dessen Mitte einen doppelten Boden von der Grösse des Fleischstücks legen. Das Filet daraufgeben. In den Teig einwickeln und die Enden mit etwas Wasser andrücken. Mit Eigelb bestreichen.

Im heissen Ofen 25 Minuten backen lassen.

Fleischtorte mit Weisswein
« Fleischtürt»

450 g. mürber Teig / 400 g. Schweinefleisch / 200 g. Kalbfleisch / 2 Gläser Weisswein / 2 Zehen Knoblauch / 1/2 Zwiebel / Petersilie / 1 Gewürznelke / 1 Lorbeerblatt / Salz und Pfeffer. Zum Bestreichen : 1 Eigelb.

Das Schweine- und Kalbfleisch grob zerhacken. Im Wein mitsamt den geschälten Knoblauchzehen, der in Scheiben geschnittenen Zwiebel, der Gewürznelke und dem Lorbeerblatt einbeizen ; salzen und pfeffern. 4 Stunden lang marinieren lassen. Dann die Gewürze und den Knoblauch vom Fleisch entfernen. Die Zwiebel wird zurück behalten. Nachdem das Fleisch in einem Tuch abgetrocknet worden ist, gehackte Zwiebel und Petersilie beimengen. Eine Tortenform mit Teig auslegen und mit der Farce ausfüllen. Mit einem Teigdeckel bedecken. Die Ränder eng verbinden. Die Torte mit Eigelb bestreichen und 1 Stunde bei mittlerer Hitze im Ofen backen.

Krapfen von Fleischresten
« Krapfa vo Fleischraschtler »

500 g. Blätterteig / 400 g. Hühnerweissfleisch- oder Suppenfleischreste / 10 g. Butter / 1 mittelgrosse Zwiebel / 1 Strauss Petersilie / Salz und Pfeffer / 10 cl. Öl.

Zwiebel und Petersilie, fein gewiegt, werden in etwas Butter angeschwitzt und zum zerhackten Fleisch gegeben. Salzen und pfeffern ; vermengen. Den Teig ausrollen, so dass Rechtecke daraus geschnitten werden können. Füllsel in die Mitte dieser Rechtecke setzen. Die Ränder mit wenig Wasser anfeuchten, damit sie sich verbinden, wenn der Teig zurückgeschlagen wird.

Die Krapfen auf beiden Seiten im Öl anbacken.

Mit grünem Salat auftragen.

Speckhörnchen
« Spackhernler »

250 g. Blätterteig / 100 g. geräucherter magerer Speck / 1 Eigelb.

Den Teig ausrollen. Quadrate von 5 cm Seite darausschneiden. Ein 1 cm breites Stücklein Speck in die Mitte des Teigs legen. Denselben von einer Ecke her aufrollen, um ein Hörnchen zu bilden. Mit Eigelb betreichen und backen.

Zum Aperitif auftragen.

Das Gelingen einer Fleischpastete ist eine Freude für die Hausfrau und ein Schmaus für deren Familie.

Von einem grünen Salat begleitet, kann die Fleischtorte das Hauptgericht einer Mahlzeit darstellen.

Froschschenkel
« Freschaschankel »

1 kg. Froschschenkel / 2 Schalotten / 1 Knoblauchzehe / 25 g. Butter / 1 Esslöffel Tomatenmark / 1 Glas Weisswein / 2 Gläser Wasser / 1 Strauss Petersilie / 20 g. mit Mehl verarbeitete Butter / 5 cl. frischer Rahm / Salz / Frischgemahlener Pfeffer.

In einem breiten Kochtopf die feingehackten Schalotten goldgelb werden lassen. Die Schenkel beigeben und leicht anbraten. Salzen und pfeffern.

Den Weisswein hinzugiessen und einkochen lassen, dann 2 Gläser Wasser, die zermalmte Knoblauchzehe, das Tomatenmark, die mit einer Schere zerschnittene Petersilie dazugeben und 15 Minuten lang auf schwachem Feuer langsam kochen lassen (je nach der Grösse der Schenkel ein wenig mehr Kochzeit rechnen). Zu öfteres Umrühren vermeiden, die sehr delikaten Froschschenkel lösen sich zu leicht von den Knochen. Den Kochtopf eher dann und wann hin und her bewegen, um das Anhängen zu verhüten.

Einige Minuten vor dem Auftragen, die mit Mehl verarbeitete Butter in die Sosse einrühren, sie zum kochen bringen und dicklich werden lassen. Den Rahm beifügen und zu Tisch bringen.

In schwimmendem Öl gebackene Gründlinge
« Fritür »

1 kg. Gründlinge.
Ausbackteig : *125 g. Mehl / 2 Eier / Salz / Pfeffer / 3 dl. helles Bier.*

Das Mehl in eine Schüssel schütten, die aufgeschlagenen Eier dazugeben, salzen, pfeffern und mit dem Bier glattrühren.

Die Fische ausnehmen, waschen und abtrocknen. Sie in den Teig tunken, dann in das schwimmende Öl tauchen und goldgelb backen lassen. Zum Abtropfen geben.

Auf einer Platte büschelartig zurichten, mit Tafelsalz bestreuen und sofort zu Tisch bringen.

An Stelle von Gründlingen kann man auch abgeschuppte, dünn geschnittene Karpfen auf diese Art herrichten.

Hechtklösse
« Hacht-Knell »

600 g. Hechtfleisch / 180 g. Butter / 3 Eier / 2 kleine in Milch eingeweichte Milchbrötchen.
Suppengemüse : 1 Karotte / 1 Strauss Petersilie / 1 Lauchstengel / 1 Sellerieblatt / 1 Zwiebel / 2-3 Rosenkohl / 1 Zehe Knoblauch / 1 Stückchen Lorbeerblatt.
4-5 Fischgräte und Köpfe (Makrelen zum Beispiel) / 1 Gewürznelke / Salz / Pfeffer / 1 l. Wasser.

Das Wasser mit den Fischabfällen zum Kochen bringen. Gemüse und Gewürze beigeben. 20 Minuten sieden lassen.

In der Zwischenzeit, das Fischfleisch und die gut ausgepressten Brötchen durch den Fleischwolf drehen, oder mit einem Mixer fein zerhacken ; die Butter stückchenweise hinzufügen und gut durchkneten. Dann jedes Ei einzel einmischen und sorgfältig verrühren.

10 cm lange Klösse rollen.

Die Fischbrühe durchsieben, zum Kochen bringen, die Hitze verringern und die Klösse behutsam hineinlegen. Sie nach 15 Minuten herausnehmen und auf einem Tuch abtropfen lassen.

Man serviert die Hechtklösse mit einer nach Wahl bereiteten Sosse.

Aalfrikassee
« Aalfrikassee »

750 g. Aal / 1 Esslöffel Essig / 2 Eigelb / 25 g. Fett / 1 Zwiebel / 1/2 Glas Weisswein / 1 Glas Wasser / Salz und Pfeffer.

Den grossen Fischen wird die Haut abgezogen. Für die Kleineren genügt es, sie mit Salz sorgfältig abzureiben.

Den Fisch in Stücke schneiden. Salzen und mit Essig beträufeln. Während 1 Stunde stehen lassen.

Um das Spritzen zu verhüten, den Fisch zum Abtropfen auf ein Küchenkrepp legen. Die Zwiebel im Fett anschwitzen und die Fischstücke hinzugeben, salzen und pfeffern. Zugedeckt während 20 Minuten langsam kochen lassen und zeitweise den Fisch mit Weisswein und Wasser begiessen. Die Fische herausnehmen, auf eine Anrichteplatte geben und das gequirlte Ei in den Bratensaft rühren. Die Fischstücke mit dieser Sosse überdecken.

Die Forellen, Gäste der Fischteiche und unserer Bäche bereiten sich angenehm mit Mandeln zu.

Die Hechtklösse.

Matelote (Fischragout)
« Matlote »

300 g. Hecht / 300 g. Aal / 300 g. Barsch / 300 g. Schleie / 300 g. Karpfen / 400 g. Champignons / 4 gehackte Schalotten / 30 cl. herber Weisswein / 30 cl. Wasser / 15 cl. frischer Rahm / 1 Eigelb / 40 g. mit Mehl bearbeitete Butter, 30 g. + 20 g. Butter / 1 Esslöffel Zitronensaft / Salz und Pfeffer / Petersilie.

Die Fische abschuppen, ausnehmen und putzen. Sie waschen, abtropfen lassen und in Portionen schneiden.

Die Schalotten in 30 g. Butter anschwitzen und die Fische darin schmoren.

Barsch, Karpfen und Hecht herausnehmen und beiseite stellen. Der Aal und die Schleie gebrauchen eine längere Kochzeit. Letztere mit Wasser und Wein bedecken, salzen und pfeffern und mit Petersilie bestreuen, 7 Minuten langsam kochen lassen, dann die übrigen Fische dazugeben und auf schwachem Feuer 10 Minuten ziehen lassen.

Unterdessen die Pilze säubern, waschen und zerschneiden. Während 10 Minuten in der restlichen Butter dämpfen.

Sind die Fische gar, so werden sie mit einem Schaumlöffel aus der Bratensosse herausgenommen, in eine Anrichteschüssel gegeben und warm gehalten.

Die Flüssigkeit ein wenig einkochen lassen, die Champignons dazufügen, mit der mit Mehl bearbeiteten Butter binden, den Zitronensaft einträufeln, dann das mit dem Rahm verquirlte Ei eingiessen. Die Sosse gut durchrühren und auf die Fische schütten, sehr heiss auftischen.

Für die Bindung darf die Sosse nicht mehr aufkochen, sonst gerinnt sie.

Forellen mit Mandeln
« Foralla met Mandla »

4 Forellen / 50 g. Butter / 2 Esslöffel Mehl / 50 g. geschälte halbierte Mandeln / 25 g. Butter / Salz und Pfeffer.

Die Forellen ausnehmen und reinigen. Salzen und pfeffern und sie im Mehl wenden.

Die 50 g. Butter erhitzen und die Forellen darin auf beiden Seiten anbraten. Auf eine Anrichteplatte legen und beiseite stellen.

Den Rest der Butter in die Bratpfanne geben, die Mandeln hineinschütten. Dieselben schön hellbraun rösten lassen, darauf achten, dass sie nicht dunkel werden und über den Forellen verteilen.

Rehpfeffer
« Rehpfaffer »

1,200 kg. Reh (Keule- oder Schulterstück) / 1/2 l. guter Rotwein / 1/4 l. Wasser / 30 g. Margarine / 100 g. geräucherter Speck / 2 glattgestrichene Esslöffel Mehl / 1 Karotte / Das Weisse von 1 Lauchstengel / 1 Lorbeerblatt / 1 Zweiglein Thymian / 1 Strauss Petersilie / 2 Gewürznelken / 1 Kaffelöffel Koriander / 1 Zwiebel / 4 Zehen Knoblauch / Grob gemahlener Pfeffer / Salz.

Das Fleisch in die Wein-Wassermischung legen, die Karotte, den zerschnittenen Lauch, die geschälten Knoblauchzehen und die in Stücke zerlegte Zwiebel beigeben. Thymian, Gewürznelken, Korianderkörner, Pfeffer und Salz ebenso beifügen. 24 Stunden lang marinieren lassen. Am folgenden Tag die Fleischstücke zum Abtropfen stellen und die würzige Beize durchsieben. In einem Kochtopf den in Würfel geschnittenen Speck auslassen und die Grieben aus dem Topf entfernen, die Margarine dazugeben. Das Fleisch auf allen Seiten anbraten, alsdann mit Mehl bestreuen und köcheln lassen, bis es eine goldgelbe Farbe angenommen hat. Dann ein wenig Marinade einschütten. Den Kochtopf hin und her schütteln, um gut zu vermengen. Nach einigem Aufwallen den Rest der Beizbrühe einrühren. Eventuell Wasser beifügen. Das Rehfleisch schmoren lassen und je nach dem Alter des Wildes 1 Stunde Kochzeit rechnen. Sobald sich das Fleisch von den Knochen löst, ist es gar.

Gefüllte Tauben
« Gfelti Düwa »

4 Tauben / 25 g. Butter / 4 dünne Scheiben geräucherter Speck.
Füllung : *Die Leber und die Herzen der Tauben / 1 Semmelbrötchen / 1 Esslöffel gehackte Zwiebel und Petersilie / 2 Eier / 1 nussgrosses Stückchen Butter / Salz und Pfeffer.*

Das Brötchen in ein wenig Milch einweichen, es auspressen und zerdrücken. Zwiebel und Petersilie in der Butter goldgelb werden lassen.

Die Leber und die Herzen durch den Fleischwolf drehen. Alles gut vermengen, indem Eigelb, sowie das zu Schnee geschlagene Eiweiss beigefügt werden. Salzen und pfeffern. Die Tauben mit dieser Farce füllen und zunähen. Mit Speckschnitten umgeben. Im Backofen in 25 g. Butter braten lassen und des öfteren mit dem Bratensaft beschütten.

*Zu den Festtagsessen stets geschätzt:
die Rehkeule.*

Die Pilze gehören zur Zusammensetzung zahlloser Gerichte. Hier eine Ente mit Totestrompeten.

Hühnerfrikassee
« Hianerfrikassee »

1 Huhn von 1,500 kg. / 2 Karotten / 1 Lauchstengel / 1 Sellerieblatt / 1 kleine Rübe / 2 Krautblätter / 1 kleine Tomate / 1 mit 1 Gewürznelke bespickte, mittelgrosse Zwiebel / 1 Stücklein Lorbeerblatt / 3 Esslöffel Mehl / 80 g. Butter / 10 cl. frischer Rahm / 1 Eigelb / Salz und Pfeffer.

Das Huhn in 4 Stücke zerteilen. Diese in einen Kochtopf legen, mit Wasser bedecken und 1 1/2 Stunden lang kochen lassen. Das Fleisch entbeinen und die Brühe durchsieben.

Eine weisse Mehlschwitze mit der Butter und dem Mehl zubereiten. Mit der Hühnerbrühe verdünnen, dann das Fleisch hinzufügen. Diese Zubereitung langsam während 10 Minuten kochen lassen.

Vor dem Auftragen das mit dem Rahm verrührte Ei in die Sosse giessen und gut vermengen.

Ente mit Totestrompeten
« Ent met Totestrompeta »

1 bratfertige Ente von 1,500 kg. / 2 Esslöffel Öl + 1 Esslöffel Öl für die Pilze / 500 g. Totestrompeten / 10 Schalotten / Salz und Pfeffer.

Die Pilze putzen, waschen, ganz lassen und in ein wenig Wasser abkochen. In einem Sieb abtropfen lassen.

Die Ente in einem Kochtopf mit 2 Esslöffeln Öl anbraten.

In der Zwischenzeit den Backofen anwärmen. Hat das Fleisch allerseits Farbe angenommen, dann den offenen Topf in die Backröhre stellen und die Kochzeit bei starker Hitze fortsetzen. Das Fleisch des öfteren mit dem eigenen Bratensaft begiessen. Die Ente lässt nämlich Wasser und Fett ausfliessen. Wenn die Brühe eingekocht ist, den Bratensatz entfetten und die geschälten ganzen Schalotten beigeben. Ist der Saft abermals verdampft, dann Wasser hinzuschütten. 1/4 Stunde vor Beendigung der Kochzeit die Pilze im restlichen Öl dämpfen lassen. Die Ente aus der Kasserolle nehmen und in Stücke schneiden. Den Kochtopf wieder aufs Feuer setzen, die Totestrompeten der Sosse beigeben und aufkochen lassen. Die Fleischstücke in einer Schüssel anrichten und mit den Pilzen garnieren.

Im Winter kann man auch getrocknete Pilze verwenden, welche vorerst 2 Stunden lang in Wasser eingeweicht werden.

Zickleinfleisch am Spiess
« Getzalafleisch am Spiess »

1,500 kg. Zicklein-Keule oder Schulter / Salz und Pfeffer / 2 Esslöffel Öl.
Nach Belieben : 2 Esslöffel Senf.

Da das Zickleinfleisch ziemlich geschmacklos ist, kann man es mit Senf bestreichen.
Das Fleisch salzen und pfeffern, mit Öl übertünchen, aufspiessen und bei mittlerer Hitze unter den Bratrost geben.
Schmoren lassen und ab und zu mit dem Bratensaft begiessen.
Löst sich das Fleisch von den Knochen, so kann man es zerschneiden. Den Bratensatz im Fettauffängerblech mit wenig Wasser lösen und vor dem Auftragen über das Fleisch giessen.

Kaninchen mit Tomaten und Weissweinsosse
« Kenjala met Tomat un Wisswisoss »

1 Kaninchen von 1,200 kg. / 1 Zwiebel / 1 Gewürznelke / 1 Lorbeerblatt / 100 g. geräucherter Speck / 1 aufgehäufter Esslöffel Mehl / 1 Glas Elsässer Weisswein / 1/3 von einer kleinen Dose Tomatenmark / 1 Dose Champignons / Salz und Pfeffer.

Am Vorabend, das in Stücke geschnittene Kaninchen mit der zerschnittenen Zwiebel, der Gewürznelke, dem Lorbeerblatt, dem Salz und dem Pfeffer ohne Flüssigkeit einbeizen.
Am folgenden Tag, das Kaninchen, in dem in Würfel geschnittenen Speck anbraten. Das Fleisch herausnehmen und den Speck entfernen. Im Bratenfett das Mehl anbräunen. Mit Wasser auflösen. Den Wein und das Tomatenmark einrühren, dann das Fleisch hinzugeben, sowie die Gewürznelke und das Lorbeerblatt. Langsam kochen lassen. 1/4 Stunde vor dem Auftragen die abgetropften Pilze an das Gericht geben.

Eine Schweinsschulter kann im Backofen gebraten werden.

Ein Wintergericht: die Schweine-koteletten auf Bauernart.

Zunge nach Hausfrauenart
« Zung uff Hüssfraujaart »

1 Rinderzunge / 1 Karotte / 1 Lauchstengel / 1 kleiner Krautkopf / 1 kleine Sellerieknolle / 1 Fleischbrühwürfel.
Für die Sosse : *50 g. Margarine / 1 Esslöffel Mehl / 1/2 Glas Weisswein / 3 Schalotten / 1 Likörglas Madeirawein / 250 g. Pilze / 1 kleines Stück Lorbeerblatt.*

Die Zunge mit dem Gemüse kochen. Mit 1 Stunde Kochzeit im Schnellkochtopf rechnen.

Die Zunge aus der Brühe nehmen, sie schälen und in Scheiben schneiden. In einer Bratpfanne, in 25 g. heisser Margarine die Schnitten anbraten. Kaum Farbe annehmen lassen, dann warm stellen. Die Schalotten goldgelb anschwitzen, das Mehl einstreuen und anbräunen. Unter stetem Rühren, den Wein und 1/2 l. der Zungenkochbrühe einrühren. Die Fleischstücke in diese Sosse legen und auf gelindem Feuer sieden lassen. Das Lorbeerblatt beigeben.

Die Pilze bereiten : sie waschen, zerschneiden und in dem Rest Margarine dämpfen. Ihren Saft verdünsten lassen. Des Gerichts beifügen. Noch 10 Minuten langsam kochen lassen, bevor der Madeirawein eingegossen wird. Zu Tisch bringen.

Schweinsschulter im Weisswein
« Grian Schiffala em Wisswi »

1 Schweinsschulter von 1,300 kg. / 50 g. Margarine / 1 Esslöffel Senf / 3 Zehen Knoblauch / 1 Glas herber Weisswein / 1 Glas Wasser / Salz und Pfeffer.

Die Knoblauchzehen schälen, der Länge nach in Streifen schneiden. Mit einem spitzen Messer das Fleisch mit kleinen Einschnitten versehen und mit den Knoblauchschnitten bespicken. Salzen und pfeffern, allseitig mit Senf bestreichen. Die Schulter in 1 bebutterte Auflaufform legen, oder in die Abtropfpfanne des Backofens. Auf das Fleisch und rundherum kleine Margarineflöckchen setzen. In den heissen Ofen stellen, damit das Fleisch gut von der Hitze angebraten wird. Nach 20 Minuten die Wärme verringern und mit 1/4 Flüssigkeit aus Wein und Wasser bestehend, begiessen. Jedesmal wenn die Brühe eingekocht ist, wieder frisch begiessen. 1 1/2 Stunden Kochzeit vorsehen.

Schweinekoteletten auf Bauernart
« Büraassa »

4 Schweinekoteletten vom Filet / 1 mittelgrosser Krautkopf / 75 g. Margarine / 4 mittelgrosse Karotten / 4 Kartoffeln (nicht zu gross) / 1 Zwiebel / 1 kleines Lorbeerblatt / 2 dl. Fleischbrühe / Salz und Pfeffer.

Die Karotten und die Kartoffeln schälen. In grobe Scheiben zerlegen. Die Krautblätter vom Strunk befreien, die grossen Rippen ausschneiden. Die Blätter in kochendem Salzwasser während einiger Minuten abkochen, sie abtropfen lassen.

In einer Stielpfanne 50 g. Margarine erhitzen, die Koteletten darin goldgelb anbraten lassen. Salzen und pfeffern. Mit dem Rest der Margarine einen Schnellkochtopf ausfetten und die Hälfte des Krauts hineinlegen. Die Kartoffeln darauf verteilen, diese mit einer Schicht Zwiebeln belegen. Darauf kommen die Koteletten, dann eine Lage Karotten. Mit der anderen Hälfte der Krautblätter bedecken. In die Mitte das Lorbeerblatt geben. Mit Fleischbrühe begiessen und den Topf schliessen. Von dem Zeitpunkt an, da das Ventil zu drehen beginnt, 3/4 Stunden Kochzeit vorsehen.

Herz- und Lungpfeffer
« Harz un Lung Pfaffer »

1/2 Kalbsherz / 300 g. Kalbslunge / 30 g. Margarine / 1 Esslöffel Mehl / 1 wenig Fleischbrühwürfel oder Instantbrühe.
Für die Beize: *3 dl. Rotwein / 1 dl. Wasser / 1 Esslöffel Koriander / 1 Lorbeerblatt / 1 Gewürznelke / 2 Schalotten / 2 kleine Zehen Knoblauch / 1 Karotte / 1 Lauchstengel.*

Herz und Lunge in Würfel schneiden. In einer Terrine mit Wein und Wasser bedeckt marinieren lassen. Gemüse und Gewürze hinzufügen. 24 Stunden lang kühl stellen. Am Tage darauf die Schlachtabfälle abtropfen lassen, dann in einem Küchenkrepp abtrocknen.

Die Beize gelinde aufkochen, absieben und die Hälfte davon vorbehalten.

In einem Schnellkochtopf den Fettstoff schmelzen lassen, die Fleischstücke darin goldgelb anbraten, herausnehmen und beiseite stellen.

Im Bratensatz, unter ständigem Rühren, das Mehl anbräunen, mit der Marinade aufgiessen, ein wenig Wasser einschütten, Fleischbrühwürfel und Fleisch beigeben. Den Topf schliessen und 30 Minuten dämpfen lassen.

Dieses Gericht wird auch anfangs Winter, an den folgenden Tagen des Schweineschlachtens hergestellt.

Die Kalbsrouladen verlangen ein wenig Vorbereitung, doch das Fleisch ist zarter.

Die Rinderzunge in einer Madeirasosse dargeboten.

Gefüllte Kalbsrouladen nach Elsässer Art
« Roulada noch Elsasser Art »

4 dünne Kalbsschnitzel / 2 dünne Scheiben Schinken oder 4 dünne Scheiben geräucherter Speck / 150 g. Schweine- und Kalbshackfleisch / 40 g. Margarine / 1/2 Glas Weisswein / 1 kleine Dose Champignons / 2 Esslöffel Tomatenpüree / 1 Kaffeelöffel Stärkemehl / 5 cl. frischer Rahm / Salz und Pfeffer.

Auf jedes Schnitzel 1/2 Scheibe Schinken oder 1 Scheibe Speck und 1/4 des Hackfleischs legen. Das Schnitzel aufrollen und mit einem Bindfaden umschnüren.

In einer Kasserolle die Margarine erhitzen und die Röllchen anbraten. In einer Anrichteschüssel warm stellen. Unter Umrühren das Stärkemehl in den Bratensatz streuen, mit dem Wein und der Tomatenpüree auflösen. Die abgetropften Champignons dazugeben. Das Fleisch wieder in die Kasserolle legen, würzen und zudecken. Während 20 Minuten langsam köcheln lassen und vor dem Anrichten die Sosse mit dem Rahm abschmecken.

Hackbraten
« Hackbrota »

500 g. Fleischreste oder 500 g. Hackfleisch (Mischung von Rind- und Schweinefleisch) / 2 kleine Semmelbrötchen / 1 kleine Zwiebel / 1 wenig Petersilie / 2 Eier / Gemahlener Pfeffer / 1 Prise Muskat / 2 Esslöffel Mehl / 75 g. Margarine / Salz.
Für die Sosse : *1 Zwiebel / 1 grosse Tomate oder 1 Tasse Tomatenpüree / 1/2 l. Fleischbrühe.*

Zwiebel und Petersilie fein zerhacken. Die Brötchen in Milch einweichen, auspressen und zerdrücken. Gewiegte Zwiebel und Petersilie, das Brot, die Eier, das Mehl, den Muskat und den Pfeffer mit dem Fleisch vermengen ; salzen. Ein längliches Brot formen und in ein wenig Mehl wenden.

Die Tomate schälen und auskernen. Die Hackrolle allseitig in der Margarine anbraten. Sie aus der Kasserolle nehmen und in dem Bratensatz die zweite Zwiebel, welche man zerkleinert hat, schwitzen lassen. Nötigenfalls noch Fett hinzufügen. Die Tomate im Saft zerschmelzen lassen, dann das Fleisch wieder in den Kochtopf legen und bis zur Hälfte mit Fleischbrühe begiessen. Der Hackbraten schmort auf kleinem Feuer während 1/2 Stunde und man löse das Haschee ab und zu vom Topfboden, damit es nicht anhaftet.

Dieses Gericht, in Scheiben geschnitten, und mit Sosse begossen, kann zu jeglichen Gemüse-, Kartoffeln- oder Teigwarenspeisen aufgetragen werden.

Kalbsfettklösse
« Knell vo Kalbsfatt »

150 g. Kalbsfett / 200 g. Kalbfleisch / 1 Ei / 1 Schalotte / 1 Esslöffel Griess / 1 wenig Petersilie / 1 Esslöffel Universal-Würzmittelpulver (Aromat) / 1 wenig Mehl / 1 l. Fleischbrühe / Pfeffer.

Fett, Fleisch, Schalotten und Petersilie werden durch den Fleischwolf gedreht. Das Ei, den Griess, den Pfeffer, das Würzpulver beigeben. Gut vermengen und die Würzung berichtigen. Von dieser Mischung jeweils kleine Portionen entnehmen und zwischen den bemehlten Händen rollen, um Knödel zu formen. Nacheinander in die kochende Fleischbrühe tauchen. Sobald sie an der Oberfläche schwimmen, sind sie gar und können als Garnitur für Fleischpastetchen dienen.

Die Kochbrühe ergibt eine schmackhafte Suppe.

Bratwürste in Sosse
« Brotwerschtler en Soss »

6 Bratwürste oder Bauernbratwürste / 25 g. Margarine / 1 Kaffelöffel Stärkemehl / 2 Tomaten oder 1 kleine Tasse Tomatenpüree / 1 Zwiebel / 1/4 l. Fleischbrühe / 1 Glas Wasser / Gemahlener Pfeffer / 5 cl. frischer Rahm (nach Belieben).

Die Würste allseitig anbraten. In einer Anrichteschüssel warm stellen und im Bratensaft die gewiegte Zwiebel anfärben lassen. Die geschälten und ausgekernten Tomaten beigeben. Wenn sie gedämpft sind, mit Stärkemehl bestreuen, gut umrühren und Fleischbrühe eingiessen. In die erhaltene Sosse werden die Würste gelegt und man lasse den Bratensaft nochmals verdünsten. 1 Glas Wasser beigeben und 5 Minuten schmoren lassen. Die Sosse eventuell mit dem Rahm binden und anrichten.

Gefüllte Zervelatwürste
« Gfellti Servilans »

6 Zervelatwürste / 6 dicke Scheiben Schweizerkäse vom Ausmass der Würste / 3 dünne Scheiben geräucherter Speck / 30 g. Margarine.

Die Würste der Länge nach aufschneiden, jedoch nicht entzweien. In diese Ritze 1 Stück Käse legen.

Die Würste mit jeweils 1/2 Scheibe Speck umwickeln und denselben mit einem kleinen Stäbchen anheften. Auf beiden Seiten im Fett anbraten.

Die Kartoffelklösse oder Judenklösschen.

Das Gemüsepüree kann das ganze Jahr hindurch verwirklicht werden und wird von allen geschätzt.

Saure Kartoffeln
« Sürri Lüttri »

6 Pellkartoffeln / 1 Esslöffel Mehl / 1 Zwiebel / 1 Lorbeerblatt / 1 Esslöffel Butter / 1 wenig Essig / Salz und Pfeffer.

Die Kartoffeln schälen und in Scheiben schneiden. Die Butter schmelzen lassen und die feingewiegte Zwiebel darin goldgelb anschwitzen, dann das Mehl bräunen. Wasser aufgiessen. Die Kartoffeln beigeben und das Lorbeerblatt. Salzen, pfeffern. Auf schwachem Feuer kochen lassen. Vor dem Servieren, mit wenig Essig abschmekken.

Früher bestand öfters das Nachtessen aus diesem Kartoffelgericht.

Kartoffeln mit Bechamelsosse
« Hardäpfelbab »

4 Pellkartoffeln / 1 kleine Zwiebel / 1 Handvoll Petersilie / 2 Kaffeelöffel Mehl / 1 Tasse Milch / 50 g. Butter / 1 wenig Muskat / Salz und Pfeffer.

Die Kartoffeln schälen, auf einem mittelgrossen Reibeisen reiben.

Die gehackte Zwiebel in der Butter goldgelb werden lassen, das Mehl darüber streuen und rasch umrühren. Die Milch hineingiessen und zu einer glatten Masse vermengen. Eine Minute aufkochen lassen. Die Kartoffeln in diese Sosse geben, salzen, pfeffern und mit Muskat abschmecken. Die gehackte Petersilie einrühren. Bei mässiger Hitze 10 Minuten kochen lassen. Den Brei öfters an verschiedenen Stellen leicht anheben, damit er nicht anhaftet.

Gemüsepüree
« Gmiasspüree »

2 Karotten / 2 Lauchstengel / 2 grosse Kartoffeln / 1 kleiner Sellerieknollen / 1 weisses Rübchen / 1 grosse Handvoll Spinat / 1 kleiner Kohlkopf / Salz / 30 g. Butter / 1/2 l. Wasser.
Für die Verzierung : *Brotkrume / 50 g. Butter.*

Das Gemüse reinigen, waschen und in Stücke zerschneiden. Im Schnellkochtopf, in 1/2 l. gesalzenem Wasser, während 15 Minuten abkochen. Abtropfen lassen. Die Kochbrühe für eine Suppe aufbewahren.

Das Gemüse durch ein mittleres Sieb der Gemüsemühle passieren. Das so erhaltene Püree auf schwachem Feuer aufkochen, indessen 30 g. Butter einmengen.

Das klein zerkrümelte Brot in dem Rest Butter rösten. Das Gemüse in einer Schüssel anrichten und die schön angebräunten Brotkrumen darüber streuen.

Kartoffelklösse
« Jüdapflettler »

6 Kartoffeln / 3 Eier / 2 Esslöffel Mehl / 1 mittelgrosse Zwiebel / 1 kleine Handvoll Petersilie / Salz und Pfeffer / Ein wenig Muskat / 4 l. Salzwasser / 50 g. Butter / Einige Brotwürfel oder eine in Scheibe geschnittene Zwiebel (nach Belieben).

Am Vorabend die Pellkartoffeln bereiten. Am Tage darauf sie schälen und durchdrehen. Eier, fein gewiegte Zwiebel und Petersilie, sowie Muskat und Mehl beigeben. Salzen und pfeffern. Gut bearbeiten und 1 Stunde ruhen lassen.

Aus dem Teig eigrosse Klösse zwischen den bemehlten Händen rollen. Dieselben in das kochende Salzwasser legen. Wenn sie an der Oberfläche auftauchen, noch 5-10 Minuten auf schwachem Feuer sieden lassen. Die Klösse mittels eines Schaumlöffels herausnehmen. Auf einer Platte anrichten und zerschmolzene Butter darüber träufeln.

Man kann die Klösse mit braungerösteten Brotwürfeln oder Zwiebelscheiben auftragen.

Weisse Rüben und Karotten mit Speck
« Wissi Riawler un Galriawler met Spack »

300 g. weisse Rüben / 300 g. Karotten / 750 g. magerer Speck / 2 Esslöffel Öl / 1 kleine Zwiebel / 2 Schalotten / 2 Knoblauchzehen / 1 Lorbeerblatt / 1 Gewürznelke / 1 Kaffeelöffel Koriander / 1 Kaffeelöffel Pfefferkörner / 1 Kaffeelöffel Stärkemehl / Petersilie / Salz.

Am Vorabend den Speck mit Knoblauchstreifen spicken, dann mit den geschälten und halbierten Schalotten, dem Lorbeerblatt, der Gewürznelke, dem Koriander und dem Pfeffer « trocken » einbeizen. Salzen.

Am folgenden Tag den Speck in einen Schnellkochtopf geben, die Gewürze beifügen, doch jeweils nur ein kleines Stückchen Lorbeerblatt und Gewürznelke verwenden (diese Gewürze riechen zu stark beim Kochen im Schnellkochtopf), mit Wasser bedecken und während 3/4 Stunden kochen lassen.

Während dieser Zeit die Karotten und die Rüben schälen, in Scheiben schneiden, ins kochende Wasser geben, salzen und während 20 Minuten abkochen. Abtropfen lassen.

Die Zwiebel schälen und zerschneiden. Im Fett anschwitzen, das Stärkemehl beifügen. Ein Schöpflöffel voll Speckkochbrühe einrühren. Die Gemüse hinzufügen. 10 Minuten langsam kochen lassen. Mit gehackter Petersilie bestreut und umgeben von dem in Stücke geschnittenen Speck und kleinen geschälten Pellkartoffeln auftragen.

Eine der unzähligen Arten, die Produkte unserer Obstgärten zuzurichten: die Äpfel im Backofen.

Der flambierte Bettelmann: eine angenehme Verwendung für Napfkuchen- oder Gugelhupfreste.

Süsser Quark
« Siassa Bibalakas »

Quark von 1 l. saurer Milch / 20 cl. frische Sahne / 1 Ei / 3 Esslöffel Zucker.

Den Käse mit einer Gabel gut zerdrücken. Sahne, Zucker und Eigelb hinzufügen. Mit dem Schneebesen gut bearbeiten, damit die Creme sämig wird.
Das Eiweiss zu Schnee schlagen und sorgsam in die Creme einrühren. 2 Stunden lang kalt stellen und auftragen.

Gefüllte gebackene Äpfel
« Gfellti Äpfel em Bachofa »

10 Äpfel / 100 g. gemahlene Haselnüsse oder Mandeln / 4 Esslöffel Zucker / 50 g. Butter + einige nussgrosse Stückchen Butter / 20 cl. frischer Rahm / 2-4 Esslöffel Zucker je nach der Säure der Äpfel.

Die Äpfel schälen und auskernen. Mandeln und Zucker in der Butter rösten. Den Rahm darüberschütten. Vermischen. Die Äpfel mit dieser Farce füllen. Auf jeden Apfel ein nussgrosses Stückchen Butter legen ; zuckern. Die Äpfel in eine ausgefettete feuerfeste Platte setzen und im heissen Backofen goldgelb braten lassen.

Flambierter Bettelmann nach Elsässer Art
« Battelmann flambiart »

250 g. altbackene Napfkuchenschnitte oder 3 altbackene Milchbrötchen / 125 g. Rosinen / 3 Eier / 5 Esslöffel Griess / 1/4 l. Milch / 1 Gläschen Obstschnaps.

Eine emaillierte Kugelkopf- oder eine verzinnte Puddingform ausbuttern. Mit dem in Stücke geschnittenen Brot und den Rosinen die Form bis zur Hälfte schichtenweise auslegen.
Eier, Zucker und Milch zu einer Omelette zerrühren. Das Brot damit begiessen. Die Form bedecken und während 1 Stunde im Wasserbad in der Röhre backen. Nach der Kochzeit den Bettelmann auf eine Platte stürzen. Mit Schnaps beträufeln und anzünden.
Sofort zu Tisch bringen.

Creme
« Crem »

1/2 l. Milch / 50 g. Zucker / 1 Esslöffel Mehl / 1 Ei.

Das Mehl mit ein wenig vom 1/2 l. Milch anrühren. Das Ei gut zerschlagen und der Mehl-Milchmischung beigeben. Den Rest der Milch erhitzen. Sobald sie zu kochen beginnt, die Zutaten sorgsam, unter ständigem Rühren beimischen. Das Ganze einmal aufkochen lassen, vom Feuer nehmen und kühl stellen. Die Creme öfters umrühren, um eine Hautbildung an der Oberfläche zu vermeiden.

Diese Creme kann so gegessen werden, oder begossen mit einer Sosse aus Himbeergelee, das mit etwas Wasser verdünnt worden ist. Mann kann sie ebenso dazu gebrauchen, einen Dreikönigskuchen zu füllen.

Charlotte
« Steinhouse »

125 g. Schokolade / 1 wenig Wasser / 125 g. Butter / 3 kleine Eigelb / 65 g. Zucker / 24 Löffelbiskuits / 1 wenig Schnaps oder Rum.

Für die Vanillecreme : *1/2 l. Milch / 3 Eigelb / 1 gestrichener Kaffeelöffel Stärkemehl / 2 Esslöffel Zucker / 1 Stange Vanille.*

Die Eigelb schlagen und mit einigen Löffeln vom 1/2 l. Milch verdünnen. Das Stärkemehl mit ein wenig Milch anrühren. Den Rest der Milch mit der Stange Vanille und dem Zucker zum Kochen bringen. Beim ersten Aufwallen vom Feuer nehmen. Unter kräftigem Umrühren auf die Eigelb-Stärkemehlmischung schütten. Die Creme wieder aufs Feuer setzen und ein wenig erhitzen, bis sie dicklich ist. Die Stange Vanille herausnehmen und die Creme in eine mit kaltem Wasser ausgespülte Schale schütten. Kühl stellen und oftmals umrühren, um eine Hautbildung an der Oberfläche zu verhüten.

Die Schokoladecreme zubereiten : die Schokolade in lauwarmem Wasser zergehen lassen. Die Butter beigeben, gut umrühren bis dieselbe zerschmolzen ist, die leicht geschlagenen Eigelb und den Zucker einmengen.

Die Löffelbiskuits kurz in mit Schnaps verlängertes Wasser tauchen. Jeweils 2 zusammenfügen und auf diese Art in eine Platte legen. Mit Schokoladecreme bestreichen. Kühl stellen. Mit Vanillecreme übergiessen. Sehr kalt aufwarten.

Obst in Kuchenteig gebacken: dies ergibt eine gute Torte.

Herbstnachtisch : Traubentorte.

Pfirsichauflauf
« Pfersiguflauf »

4 Pfirsiche / 4 Esslöffel Zucker + 40 g. Zucker / 1 Esslöffel Kirschwasser / 1 dl. Milch / 10 g. Zucker / 10 g. Butter / 2 Eier / 1 Prise Salz / 25 g. Mehl.

Den Pfirsichmark zerdrücken. Mit 4 Esslöffel Zucker auf dem Feuer dünsten lassen. Mit Kirsch begiessen.

Anderseits die Milch mit den 40 g. Zucker und der Prise Salz kochen. Das mit ein wenig Milch angerührte Mehl einschütten. 3 Minuten, unter ständigem Rühren kochen lassen. Vom Feuer nehmen und die Eigelb, sowie die Butter einmischen. Den Pfirsichbrei dazugeben. Die zu Schnee geschlagenen Eiweiss beimengen. Alles in eine Auflaufform schütten. Im Ofen während 25 Minuten bei schwachem Feuer backen lassen und sofort servieren.

Traubenkuchen
« Triewelküacha »

Sandteig / 500 g. Trauben / 4 zu Schnee geschlagene Eiweiss / 125 g. gemahlene Mandeln oder Haselnüsse, 125 g. Zucker.

Den Teig ausrollen. Eine Tortenform damit belegen. Mit gemahlenen Mandeln oder Haselnüssen bestreuen. Mit Weinbeeren besetzen. Dieselben mit einer Farce, die aus Eiweissschnee, dem Rest der gemahlenen Mandeln und dem Zucker besteht, garnieren.

Bei schwacher Hitze ungefähr 45 Minuten backen.

Obsttorte
« Obsttourt »

185 g. Butter / 225 g. Zucker / 5 grosse Eier / 225 g. Mehl / 1 Päckchen Vanillin-Zucker / 1/2 Kaffeelöffel Backpulver / 4 Äpfel oder Birnen / 2 gestrichene Esslöffel Puderzucker zum Bestreuen des Kuchens.

Die Äpfel oder Birnen schälen und in feine Scheiben schneiden. In eine Terrine geben und in Zucker rollen. Ruhen lassen, derweilen man den Kuchen bereitet.

Butter, Zucker und Vanillin-Zucker schaumig rühren. Die Eigelb dazugeben und noch während 2 Minuten umrühren. Das mit Backpulver gemischte Mehl darunter ziehen und zuletzt die zu steifem Schnee geschlagene Eiweiss.

Mit einem Küchenschaber einen Teil des Teigs auf den gefetteten und gut bemehlten Boden einer Biskuitform streichen. Die Obstscheiben hineinsetzen. Mit dem Rest des Teigs bedecken. Mit Zucker bestreuen. 35 Minuten lang bei mittlerer Hitze backen.

Linzertorte
« Lenzetort »

150 g. Mehl / 80 g. feingeriebene Mandeln / 60 g. Butter / 70 g. Zucker / 1 Ei / 1 wenig gestossener Zimt / Die abgeriebene Schale einer Zitrone / 1 Prise Salz / 6 Esslöffel Himbeergelee.

Das Mehl auf ein Backbrett sieben. In die Mitte eine Vertiefung eindrücken. Zucker, Butter, Ei, Mandeln, Zimt, Zitronenschale und Salz hineingeben. Alles gut vermengen, wie für die Herstellung eines mürben Teigs. 2 Stunden lang kühl stellen.

Ein wenig Teig zurückbehalten, den Rest 1-2 cm dick ausrollen. Eine Tortenform damit belegen und den Boden mit einer Gabel bestechen. Die Torte mit sehr kalter Himbeergelee bestreichen.

Den übriggebliebenen Teig ebenfalls ausrollen. In gleichmässig breite Streifen rädern. 4-5 davon über die Torte legen, die anderen gitterförmig darüber setzen.

Ein letztes Band ringsherum auf den Rand legen. Die Torte bei mittlerer Hitze 25 Minuten lang backen. Erst aus der Form nehmen, wenn sie kalt ist, denn der sandartige Kuchen ist sehr gebrechlich, solange er heiss ist.

Krachtorte
« Krachtorte »

3 Eier / 180 g. Margarine / 180 g. Zucker / 1 Päckchen Vanillin-Zucker / 180 g. Mehl.
Verzierung : 100 g. geriebene Mandeln / 1 Ei / 3 Esslöffel Zucker / 2 Kaffeelöffel gestossener Zimt / 4 Esslöffel frische Sahne.

Die weiche Butter mit dem Zucker und dem Vanillin-Zucker bearbeiten, Eier dazugeben, dann das gesiebte Mehl. Den Teig auf einem Kuchenblech mit dem Handrücken gleichmässig verteilen.

Die Zutaten der Garnitur gut vermengen und auf den Kuchen streichen. Backzeit : 1 Stunde bei mittlerer Hitze. Die heisse Torte auf einem Kuchenrost erkalten lassen.

Arme Ritter
« Wischnetta »

2 kleine Milchbrötchen / 1 Glas Rotwein 11° / 3 Esslöffel Öl / Feinkörniger Zucker mit Zimt vermengt.

Die Brötchen der Breite nach in Schnitte zerlegen und in den Wein tauchen. Auf beiden Seiten im Öl anbraten. Mit der Zucker-Zimtmischung bestäuben.

Die Linzer Torte, ein altes österreichisches Backwerk, schon längst ins Elsass eingebracht.

Der Eiweisscake.

Biskuitboden für Obsttorten
« Biskuitboda »

3 Eier / 3 Esslöffel lauwarmes Wasser / 150 g. Zucker / 120 g. Mehl.

Die Eigelb mit dem Wasser und dem Zucker zu einer schaumartigen Masse schlagen. Das gesiebte Mehl einmischen, dann die zu steifem Schnee geschlagenen Eiweiss vorsichtig unter den Teig ziehen. Die Masse in eine speziell für Tortenboden vorgesehene, gut ausgefettete und mit Mehl bestäubte Form schütten. Bei schwacher Hitze 15-20 Minuten backen und anschliessend erkalten lassen.

Obstbiskuit
« Obstbiskuit »

1 Tortenboden (siehe jenes Rezept).
Nach Belieben : bevor dieser Biskuitboden verziert wird, kann man ihn mit folgendem Sirup benetzen : 1 Tasse Wasser / 1-2 Esslöffel Schnaps / 1 Esslöffel Zucker.
500 g. frisches Obst (Erdbeeren, Walderdbeeren, Brombeeren, Heidelbeeren, Himbeeren) / 1 Päckchen Tortenguss / 100 g. Gelee je nach der Obstverwendung (zum Beispiel, für einen Brombeerkuchen, Brombeergelee gebrauchen) / 25 cl. frische Schlagsahne oder eine Creme (siehe jenes Rezept).

Das Obst vor Gebrauch mit einem aufgehäuften Esslöffel Zucker zuckern und ziehen lassen. Zum Abtropfen stellen. Den Guss bereiten : den gewonnenen Saft, die Gelee und das Tortengusspulver mit Wasser verlängern, um 1/4 l. Flüssigkeit zu erhalten. Den Tortenboden mit dem Obst belegen, dasselbe mit dem Guss übergiessen. Den Biskuit kühl stellen, bevor er mit Schlagsahne verziert wird.

Veränderung : Man kann eingemachtes Obst aus Gläsern, oder welches aus Dosen gebrauchen, sowie Pfirsiche oder Ananas.

Biskuit von Eiweiss
« Biskuit vo Eiwiss »

6 Eiweiss / 200 g. Zucker / 100 g. Butter / 150 g. Mehl.

Die Eiweiss zu Schnee schlagen. Den Zucker sorgsam darunter rühren, dann das Mehl und die leicht zerlassene Butter mit der Masse vermengen.
Eine Biskuitform ausfetten, den Teig hineingiessen und 40 Minuten bei mässiger Hitze backen.

Schokoladekuchen
« Schokolaküacha »

125 g. Kochschokolade / 2-3 Esslöffel Wasser / 125 g. Butter / 200 g. Zucker / 4 Eier / 125 g. Mehl.

Die Schokolade im lauwarmen Wasser schmelzen lassen. Die Butter hinzugeben, dann den Zucker einrühren und die Eigelb. Die Masse gut vermengen, das Mehl unterrühren und zuletzt die zu steifem Schnee geschlagenen Eiweiss. Eine Springform ausfetten, den Teig hineingiessen. 1 Stunde bei mittlerer Hitze backen.

Dreikönigskuchen
« Dreikenigskuächa »

500 g. Mehl / 3 Esslöffel Zucker / 3 Esslöffel Öl / 1 Ei / 1/2 Päckchen Hefe / 1 Tasse Milch / 1 Prise Salz / Staubzucker zum Bestreuen des Kuchens.

Die Hefe in der Hälfte der lauwarmen Milch anrühren. In die Mitte des Mehls eine Grube drücken und das Ei hineinschlagen. Zucker, Salz und Öl beifügen und vermengen, indem Milch und die aufgelöste Hefe eingearbeitet werden. Den Teig kneten. Er muss locker sein (wenn nötig noch etwas Milch beigeben).

1 Backblech mit hohem Rand ausfetten. Den Teig darauflegen und gehen lassen. 25 Minuten in den Backofen geben. Ist der Kuchen erkaltet, so durchschneidet man ihn. Mit einer Creme füllen. Mit Puderzucker bestäuben.

Zimtschnitten
« Zemetschnetta »

500 g. Mehl / 250 g. Zucker / 1 Päckchen Vanillin-Zucker / 200 g. Butter / 3 Eier / 100 g. gehackte Nüsse / 1/2 Päckchen Backpulver.
Für den Belag : 1 wenig Milch / 1 Päckchen gestossener Zimt / 2 gestrichene Esslöffel Zucker.

Eier, Butter, Zucker und Vanillin-Zucker schaumig rühren. Das mit dem Backpulver gemischte und gesiebte Mehl einrühren, dann die gehackten Nüsse einvermengen. Man bearbeitet den Teig zu einer Kugel, dann breitet man ihn mit der Handfläche auf einem befetteten viereckigen Backblech aus. Den Kuchen mit ein wenig Milch bestreichen. Mit 1 Gabel gitterähnliche Striche darauf ziehen.

20 Minuten bei mässiger Hitze backen. Beim Herausnehmen aus dem Backofen, den Kuchen mit Zucker und Zimt bestreuen und noch heiss in Rechtecke zerschneiden. Die Schnitten erkalten lassen und in einer Blechdose aufbewahren.

Ein Dreikönigskuchen.

Schokoladekuchen bleibt feucht, selbst nach einer Aufbewahrung von mehreren Tagen.

Bretzel
« Bratschtall »

1/2 l. Milch / 75 g. Butter / 75 g. Zucker / 650 g. Mehl / 50 g. Hefe / Salz.

Ein Vorteig bereiten : die Hälfte der Milch lauwarm werden lassen und die Hefe darin auflösen.

In die Mitte des Mehls eine Vertiefung eindrücken und die Milch-Hefemischung hineingiessen. Zu einem Teig vermengen. Denselben gehen lassen, bis er sich verdoppelt hat.

Den Rest der Milch, die Butter, den Zucker und das Salz mit dem Teig verarbeiten. Gut durchkneten und 30 Minuten hochgehen lassen.

Zurichtung : den Teig zu einer 1,20 m bis 1,50 m langen Rolle formen. Zu einer Bretzel legen, die Oberfläche einritzen und mit Eigelb und Milch bestreichen. Noch 1/2 Stunde gehen lassen. Ungefähr 35 Minuten bei mittlerer Hitze backen.

Kleienbrötchen
« Kleïabreedler »

6 Eigelb / 250 g. Butter / 250 g. Zucker / 500 g. Mehl.
Füllung : *6 Eiweiss / 250 g. Zucker / 250 g. Nüsse / 1 Kaffeelöffel gestossener Zimt.*

Kuchenteig : Eigelb, Butter und Zucker schaumig rühren. Das Mehl beigeben und zu einem Teig bearbeiten. Denselben ausrollen und runde Plätzchen darausstechen.

Füllung : in einer Schüssel die gemahlenen Nüsse, den Zucker und den Zimt vermengen. Die Eiweiss zu steifem Schnee schlagen, diesen auf die gezuckerten Nüsse geben und behutsam vermischen.

Auf jedes Plätzchen einen Kaffeelöffel Füllung setzen. Bei mässiger Hitze backen.

Vanillegebäck
« Vanillebreedler »

250 g. Mehl / 1/2 Päckchen Backpulver / 75 g. Zucker / 2 Päckchen Vanillin-Zucker / 1 Ei / 125 g. Butter / 100 g. Puderzucker.

Das mit dem Backpulver vermischte Mehl auf die Tischplatte sieben. In die Mitte eine Vertiefung eindrücken. Zucker und Ei hineingeben ; vermengen. Die frische klein zerstückelte Butter dazufügen. Rasch zu einem glatten Teig bearbeiten. 2 Stunden lang kühl stellen. 1/2 cm dick ausrollen. Mit beliebigen Formen ausstechen. Die Plätzchen auf ein befettetes Blech setzen. Bei mittlerer Hitze ungefähr 12 Minuten backen. Mit einem Guss bestreichen.

Schwarzweiss-Gebäck
« Schwarz-Wissi Merwi Breedler »

Heller Teig : *250 g. Mehl / 3 g. Backpulver / 150 g. Zucker / 1 Päckchen Vanillin-Zucker / 1 Ei / 125 g. Butter / 1 wenig Rum / 1 Prise Salz / 4 Esslöffel Milch.*
Dunkler Teig : *20 g. Kakao (1 gut aufgehäufter Esslöffel) / 15 g. Zucker / 1 Esslöffel Milch.*
Zum Bestreichen : *1 wenig Milch.*

Mehl und Backpulver mischen und auf ein Backbrett sieben. In der Mitte eine Grube bilden, Zucker, Vanillin-Zucker, Salz und Rum hineingeben. Die Milch langsam hineingiessen. Mit einem Teil des Mehls alles zu einer dicklichen breiartigen Masse verarbeiten.

Die feste in Stücke geschnittene Butter (oder Margarine) dazugeben. Das ganze mit Mehl bedecken und zusammen rollen. Von der Mitte aus rasch zu einem glatten Teig kneten. Sollte er kleben, so gebe man noch ein wenig Mehl bei.

Alsdann den Teig in zwei teilen und der einen Hälfte den mit Zucker und Milch verrührten Kakao beifügen.

Spiralenmuster :

Gleichmässig grosse, schwarze und weisse Rechtecke ausrollen. Eines davon mit ein wenig Wasser bestreichen, das andere darauflegen, ebenfalls mit Milch bestreichen und beide fest zusammenwickeln.

Schachbrettmuster :

Jeden Teig 1 cm dick ausrollen. 5 helle und 4 dunkle gleichmässig lange und 1 cm breite Bänder ausschneiden. Mit Wasser bestreichen. Abwechselnd helle und dunkle Bänder nebeneinander legen und jedes davon mit 2 anderen Bändern überdecken, indem die Farben ebenso gewechselt werden. Dann das Ganze mit einem dünnen Rand von dunklem Teig umgeben.

Runde Formen :

Aus einer Teighälfte ungefähr eine 3 cm dicke Rolle bilden. Mit Wasser bestreichen und in den anderen dünn ausgerollten Teig einwickeln.

Sind sämtliche Teigrollen zubereitet, sie einige Zeit kalt stellen, damit sie fest werden. Danach in gleichmässige Scheiben schneiden. Auf ein gefettetes Backblech setzen.

Backzeit ungefähr 10 Minuten in sehr heissem Ofen.

Der Gebrauch der gezuckerten Bretzel bleibt am Neujahrstag üblich. Sie wurde am Tag der Geburt dem Vater geschenkt. An Dorffesten war sie der Einsatz der Kegelspieler.

Kleine Kleinbrötchen, zum Tee oder zum Kaffee zu reichen.

Mit in Wasserbad geschmolzener Schokolade, welcher man ein wenig Butter beifügt (15 g. für 100 g. Schokolade) und in eine kleine Papiertüte füllt, kann man schöne Verzierungen auf Sandgebäck ausführen.

Das Schwarzweiss- Gebäck.

Aperitif - Pfirsichblätterlikör
« Pfersigbletter-Likör »

120 Blätter / 1 l. guter Rotwein oder Halbroterwein (Rosé) 12° / 1 Glas Branntwein / 25 Stück Zucker / 1 Päckchen Vanillin-Zucker (nach Belieben).

Die Blätter zwischen dem 15. August und dem 8. September pflücken. Sie waschen und zwischen 2 Tüchern trocken reiben. In 1 Glas mit hermetischem Verschluss geben. Den Wein und den Zucker hinzufügen. 40 Tage ruhen lassen und von Zeit zu Zeit die Zubereitung schütteln. Filtrieren und den Branntwein mit dem Rotwein vermischen. In Flaschen abfüllen. Verkorken und vor Gebrauch 1 Woche ruhen lassen.

Grossmutters Malaga
« Grand'mère's Malaga »

Früher wurde dieses Rezept mit dem Rotwein hergestellt, welcher aus einer dunkelblauen Traube, mit dichtgedrängten Weinbeeren gepresst wurde. Diese Weintrauben stammten von einer halbwilden « Hibrieda » genannten Rebe, die an einer Mauer entlang kletterte, oder einige Gärten einzäunte.

Heutzutage jedoch, da diese Hilfsquelle nicht mehr besteht, kann man irgendwelchen Rotwein verwenden.

Das Resultat ergibt einen köstlichen Süsswein, der zum Aperitif aufgetragen wird.

1 l. Rotwein oder Schillerwein (Rosé) 11° oder 12° / 500 g. Kristalzucker / 1 Gewürznelke / 1 Lorbeerblatt / 1 Glas Branntwein.

Sich eines hohen Gefässes bedienen. Den Zucker in einem 1/2 Glas Wasser auflösen. Gewürznelke und Lorbeerblatt dazugeben und den Zucker bräunen lassen. Vom Feuer nehmen und den Wein unter Umrühren mit dem Holzlöffel dazugiessen.

In diesem Vorgehen vorsichtig handeln, denn die Flüssigkeit könnte überschäumen, sobald sie mit dem kochenden Zucker in Berührung kommt.

Das Gefäss wieder aufs Feuer setzen und rühren, bis der Zucker ganz zerschmolzen ist (es benötigt Geduld hierzu, der Karamel braucht lange zum Zerschmelzen). Den Branntwein dazugeben und die Gewürze herausnehmen. Den Malaga abkühlen lassen und in Flaschen füllen. Verkorken.

Obsteis
« Obstglace »

500 g. Früchte / 1/2 Zitrone / 1/2 Apfelsine / 150 g. Zucker.

Die Früchte durch ein Sieb passieren, dann filtrieren. Zitronen- und Apfelsinensaft dazugeben, dann den Zucker. Umrühren, bis er zerschmolzen ist.
Zum Vermengen einen Rührbesen gebrauchen, um einen sämigen Saft zu erhalten.
In der Eismaschine frieren lassen.
Für ein Johannisbeereis, zusätzlich 100 g. Zucker dazugeben.

Eisgugelhupf
« Kugelhopf glacé »

Vanille-Eis : *1/2 l. Milch / 3 gespaltene Stangen Vanille / 200 g. Zucker / 3 Eigelb + 2 ganze Eier.*
Rosinenschaum : *1/2 l. frischer Rahm / 8 Eigelb / 200 g. Zucker / 125 g. Rosinen / 1/2 dl. Kirsch oder Kognac.*
Zum Verzieren : Kakao / Staubzucker / Geröstete Mandeln / 20 cl. Schlagsahne.

Eis :
Die Milch mit der gespaltenen Stange Vanille erhitzen. Eigelb, ganze Eier und Zucker schaumig schlagen. Unter Umrühren in die Milch eingiessen. Einmal aufkochen lassen und von der Feuerstelle nehmen. In eine Schale schütten und weiterrühren, um die Creme zu binden. Die Vanille entfernen. Die kalte Creme in eine Eismaschine schütten und frieren lassen.

Schaum :
Die Rosinen im Alkohol einweichen. Die Eigelb und den Zucker schaumig rühren. Die steifgeschlagene Sahne darunterziehen ; vermengen. Die Rosinen beigeben, nachdem man sie ausgedrückt hat, um den Alkohol zu entfernen.
Die Seitenwände einer Gugelhupfform mit Vanilleeis bestreichen und in die Mitte den Rosinenschaum geben. In die Tiefkühltruhe stellen.
Den Gugelhupf nach einigen Stunden auf eine Platte stürzen. Mit Kakao, Staubzucker, gerösteten Mandeln und geschlagener Sahne verzieren.

Um diese Eisspeise herzustellen, muss man eine emaillierte Gugelhupfform verwenden.

Obst im Schnaps.
Ein 1 l. Einmachglas mit Früchten füllen, mit 1/2 l. Schnaps begiessen und 3 Esslöffel Zucker darüber streuen. Hermetisch verschliessen und 3 Monate ruhen lassen. Hie und da schütteln.
Diese Früchte können mit dem Einweichsaft, als Nachtisch verzehrt werden.
Findet man den Schnaps zu alkoholgehaltig, so bereitet man einen Sirup mit 300 g. Zucker und 1/4 l. Wasser und vermengt ihn mit dem Glasinhalt.